AF332177

NOTICE

HISTORIQUE

SUR

LA BATAILLE DE LUTZEN,

GAGNÉE

PAR L'EMPEREUR NAPOLÉON,

Le 2 Mai 1813,

ET PENSÉES D'UN VIEUX SOLDAT

SUR LA SÉPULTURE DE NAPOLÉON.

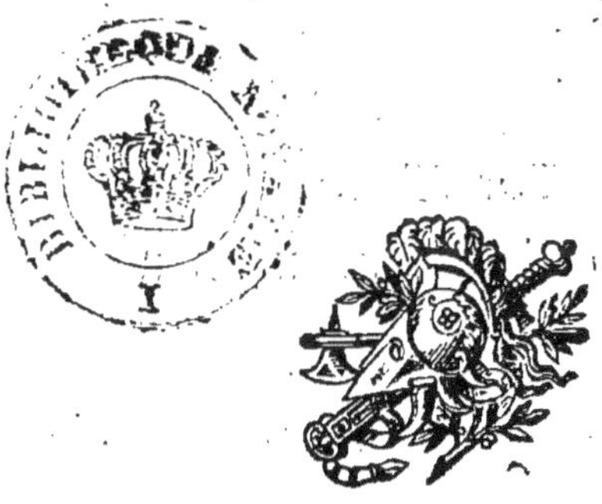

A PARIS,

CHEZ DERCHE, ÉDITEUR, rue du Marché-Neuf,

n° 34.

TOMBEAU

DE NAPOLÉON A Ste-HÉLÈNE.

L'EMPEREUR

NAPOLÉON

A LA BATAILLE DE LUTZEN ,

Le 2 Mai 1813.

——o——

...... Au centre le combat est devenu terrible.
L'ennemi veut à tout prix déboucher sur Lutzen...
Il vient d'enlever le village..... La présence de
Napoléon pouvait seule arrêter l'élan des Prussiens
et changer la fortune. Nos jeunes conscrits ne
voulant pas fuir sous les coups qui les dispersaient,
tournoyaient dans les champs de Kaya et cher-
chaient à se rallier en se pelotonnant, et ne ces-
saient de crier : *Vive l'empereur !* Il arrive enfin
et sa vue produit sur les troupes l'effet accou-
tumé ; l'enthousiasme de la victoire reparaît sur
toutes ces figures ensanglantées ; les rangs se re-

forment, les colonnes d'attaques s'épaississent et le combat recommence avec fureur (1).

(1) Dans le moment de l'arrivée de l'empereur à Kaya la chance du combat paraissait tourner contre lui : Ney était obligé de céder ; la plus grande partie du corps du maréchal Ney ne consistait qu'en jeunes conscrits qui allaient au feu pour la première fois. Aucun blessé ne passait devant Napoléon sans le saluer du cri de *Vive l'empereur !* ceux mêmes qui avaient perdu un membre, et qui dans peu d'heures allaient être la proie de la mort, lui adressaient cet hommage ; j'ai entendu de mes propres oreilles les cris de ces fanatiques à demi morts.

Les ambulances et le champ de bataille offraient le spectacle le plus touchant : les jeunes soldats, à la vue de l'empereur, faisaient trève à leurs douleurs, en criant : *Vive l'empereur !* Il y a vingt ans, dit Napoléon, que je commande des armées françaises, et je n'ai pas encore vu autant de bravoure et de dévoûment.

Napoléon ne s'attendait pas à être attaqué ni ce jour-là, ni dans cette position ; ainsi cette bataille doit être rangée au nombre des opérations militaires les plus habiles et les plus heureuses de Napoléon.

(Extrait littéralement de l'ouvrage intitulé : *Manuscrit de 1813*, par le baron *Fain*, *secrétaire du cabinet à cette époque.*)

Pensées

D'UN SOLDAT

SUR

LA SÉPULTURE

DE NAPOLÉON.

Que je plains le Proscrit expirant sur une terre lointaine… Les amis de sa prospérité , infidèles depuis son malheur, ont oublié jusqu'à son nom, et les flatteurs qui énivrèrent son cœur durant sa puissance, mêlent les blasphèmes de l'ingratitude aux clameurs de ses ennemis. Et peut-être qu'au moment même qu'une agonie lente et douloureuse épuisait les restes de sa glorieuse vie, son épouse et son fils se livraient à l'espérance de le revoir encore. Ce cher enfant du Proscrit ne s'agenouillera pas devant sa bénédiction paternelle... Envain sa piété filiale couronnera de cyprès son tombeau désert; que je le plains.... Il sera le plus malheureux des hommes. Il enviera le sort du sauvage qui promène les os de ses pères au travers des forêts du Nouveau-Monde. Hélas! au moment d'une séparation dont le courage humain n'ose prévoir le terme, il ne pourra avoir la douceur de recueillir les derniers adieux de son auguste auteur, unique part d'espoir qui lui reste sur ce voyage éternel avec la consolation de porter le deuil autour de son tombeau, et de visiter souvent cette dernière demeure... Personne ne pourra respirer, sans éprouver une sainte émotion, l'odeur de la fleur qui croît sur le cercueil de celle qu'on a tant aimée, ou sur le corps du fils avec lequel sont ensevelies les espérances et la consolation de la vieillesse!

Respectons ces sentimens pieux, que les méchans seuls négligent; respectons le souvenir de ceux qui ne sont plus , et sachons que le culte des morts fut toujours sacré pour les cœurs généreux.

Alexandre couronna le tombeau d'Achille et fit à Darius de magnifiques funérailles ; toutes les haines , toutes les rivalités s'arrêtèrent au bord du sépulcre. César prouva qu'il était grand homme en pleurant sur l'urne de Pompée.....

Si Napoléon fût tombé dans les champs de Waterloo , le petit-fils d'Henri IV aurait sans doute imité la générosité des héros de l'antiquité. Mais , hélas ! après avoir fait les destinées de l'Europe , avoir vu tous les rois le nommer leur frère , Napoléon meurt sur un rocher escarpé , sans qu'il lui soit permis de disposer du lieu de son tombeau , lui qui dispensa des couronnes !..... Nul mortel ne pourra s'empêcher de verser des pleurs sur la noble victime d'une si grande infortune qui semblerait avoir inspiré à Bossuet de Falvien : « Le voyez-vous

» ce grand roi, le voyez-vous , seul, aban-
» donné , tellement déchu dans l'espoir des
» siens , qu'il devient un objet de mépris
» aux uns, et ce qui est encore plus insu-
» portable..... un objet de pitié aux au-
» tres ; ne sa chant de laquelle de ces deux
» choses il avait le plus à se plaindre, où de
» ce que Siba le nourrissait, ou de ce que
» Séméï avait l'insolence de le maudire. »

Ah ! quel n'est pas le Français (à présent que la mort a dû dissiper toutes les craintes qu'inspirait un si grand nom) qui ne s'indigne pas de savoir les restes précieux de Napoléon enfouis sur un sol étranger ! La France qui, de tout temps , eut des palais pour les rois malheureux et détrônés , n'a pas un seul coin de terre à donner à celui qu'elle nomma *son empereur...* Si ce nom, qui fit trembler l'univers , déplaît à quelques oreilles, qu'on se rappelle que ce grand homme, que nous regrettons, fut le *général Bonaparte* , qui passa le *pont d'Arcole* et *visita les Pyramides.*

La France ne doit-elle rien au *premier consul* qui, d'une main ferme et savante, a rétabli l'ordre, que des mains débiles n'avaient pu maintenir ? Ce régénérateur de la société, qui appela à son secours tout ce qu'il y avait de vertus et de lumières, qui augmenta la gloire nationale, répara les hontes de l'ancienne monarchie.... Sans lui, l'épée de François Ier n'aurait pas été arrachée de Madrid, les yeux des vétérans de Louis XV n'auraient pu fixer le glaive du vainqueur de Rosbach : n'est-ce pas Napoléon qui fit consacrer les sacrés autels des anciennes races de nos rois?

Il commit des fautes, sans doute, le grand homme ; mais, hélas ! quoique roi parvenu, devait-il être un roi parfait ?

Saint Louis fut-il exempt de blâme, et Louis-le-Grand est-il descendu grand dans la tombe ?

Mais je me résume : Napoléon est maintenant devant la postérité ; c'est à ses contemporains à plaider sa cause devant ce grand tribunal.... Songeons à ce que demandent ses mânes ! S'il était mort en abdiquant, eût-on empêché le peu de braves qui lui étaient restés fidèles, de lui creuser un tombeau ? Ce que vous eussiez permis alors à la piété guerrière, vous ne le refuserez pas aujourd'hui à l'homme national ! Une simple pierre, avec une inscription courte et énergique, suffira à sa mémoire, pourvu qu'elle soit sur le sol français.

Ah ! si tous ceux qui fléchirent le genou devant lui, qui eurent part à ses bienfaits, et qui implorèrent sa faveur, étaient forcés d'apporter leur offrande sur son cercueil, quel cortége immense ils formeraient ! que de pontifes, d'empereurs, de rois, de princes, de grandes dignités, se presseraient de toutes les extrémités du monde ! et on les verrait bientôt élever un monument plus grand que les Pyramides, sur son modeste mausolée.

Mais le grand homme ne vous demande rien... Dans les jours de sa glorieuse prospérité, poussé, sans doute, par une fatalité invincible, il ordonna son monument, debout sur la colonne triomphale, tenant la victoire dans ses mains ; alors il semblait commander à l'Europe. Bénissons le roi régnant qui s'est fait un devoir de replacer la statue du grand Napoléon que des pervers avaient fait disparaître de la colonne.

Quels vastes sujets de méditations ! quelle grande leçon pour les potentats !.... Les paroles manquent à la pensée, et l'orgueil humain se brise devant ce nouvel exemple des vicissitudes de la fortune. Oui, Napoléon, la colonne de la place Vendôme est le seul monument digne de recevoir ta cendre.

J'ai suivi les drapeaux de cet immortel et grand capitaine ; je dois lui payer ma dette d'un sincère hommage... Personne n'osera blâmer un vétérant qui demande un tombeau en France pour son général, pour le père des soldats !....

Disons en frémissant devant la destinée de cet étonnant et rare génie : *Citoyen*, je l'ai blamé ; *Français*, je le respecte ; homme, je le plains ; soldat, je le pleure !...

Vivons maintenant dans la sécurité que nous donne la paix qui règne en France ; le vieux troubadour n'oubliera jamais qu'il a cueilli les plus beaux lauriers sous le premier des soldats.

www.ingramcontent.com/pod-product-compliance
Lightning Source LLC
LaVergne TN
LVHW050240060726

842525LV00007B/2761